Las hormigas legionarias

SANDRA MARKLE

EDICIONES LERNER / MINNEAPOLIS

EL MUNDO ANIMAL ESTÁ LLENO DE
CARROÑEROS.

Los carroñeros son la patrulla de limpieza que busca y come carroña (animales muertos) para sobrevivir. Todos los días nacen y mueren animales. Sin los carroñeros, los cadáveres de animales se pudrirían lentamente. La carne en descomposición olería mal y ocuparía espacio. Además, podría contaminar el agua y atraer moscas y otros insectos transmisores de enfermedades. Afortunadamente, en todos lados los carroñeros comen animales moribundos o muertos antes de que tengan tiempo de pudrirse. En las regiones tropicales de África, América del Sur, América Central y Asia, las hormigas legionarias a menudo trabajan en conjunto para matar animales débiles, enfermos o viejos, y comen criaturas muertas. *Muchos millones de hormigas legionarias integran la patrulla de limpieza de los bosques tropicales.*

Existen más de trescientas variedades de hormigas legionarias. La mayoría pasa su vida bajo tierra y nunca se les ve, pero otras buscan alimento en la superficie. Dos de esas variedades son las *Dorylus*, u hormigas conductoras, que viven en África, y estas hormigas *Eciton*, que viven en América del Sur y América Central. Al igual que muchas otras colonias de hormigas, ¡Esta es gigantesca! Puede haber veinte millones de hormigas viviendo juntas.

Las colonias de hormigas legionarias están formadas principalmente por hembras. Los machos sólo se crean cuando se los necesita para aparearse con la única hembra fértil, la reina. Ella produce todas las crías de la colonia. Las hormigas reinas, como ésta, son los miembros más grandes de la colonia y pueden alcanzar el tamaño del pulgar de una persona adulta.

La colonia tiene millones de obreras hembra como éstas. No pueden poner huevos, pero hacen todas las otras tareas de la colonia.

En las especies *Eciton* y *Dorylus*, las hormigas obreras de mayor tamaño tienen enormes mandíbulas que parecen colmillos. Éstas son perfectas armas para morder, y las obreras las usan para defender a la colonia de escarabajos, lagartos, aves y otros depredadores que podrían atacarlas o intentar robarles alimento. Por esta razón, las hormigas legionarias obreras más grandes a menudo reciben el nombre de soldados u obreras grandes.

Las hormigas soldados, con sus grandes mandíbulas, no pueden transportar nada. Las hormigas legionarias obreras de tamaño mediano tienen mandíbulas más reducidas, ideales para agarrar cosas. Éstas son las hormigas transportadoras, que llevan el alimento al nido. En el nido están la reina y la nidada (crías en desarrollo). Las hormigas medianas también tienen patas más grandes para poder transportar el alimento debajo del cuerpo.

Las obreras de menor tamaño de la colonia, o pequeñas, permanecen en el nido y ayudan a la reina y a la nidada. Llevan los huevos que la reina pone hasta un lugar donde puedan incubarse. Las obreras también alimentan a las crías, llamadas larvas. Cuando la colonia se muda, las obreras pequeñas trasladan los huevos y las larvas. También transportan las sobras de alimentos y a las obreras muertas hasta el basurero de la colonia.

Es temprano por la mañana en el bosque tropical de Costa Rica en América Central. Las gotas que dejó la lluvia escurren de las plantas. A medida que sube la temperatura en el bosque, las hormigas legionarias *Eciton* también entran en calor y su actividad aumenta. Pronto empiezan a moverse. Las diminutas patas de casi un millón de obreras hacen crujir las hojas caídas en el suelo del bosque mientras avanzan. Debido a que las hormigas son carnívoras, las acompaña un fuerte hedor a carne podrida. De pronto, las hojas parecen hervir cuando cucarachas, ciempiés, arañas y otras criaturas huyen del enjambre que se acerca.

Las hormigas llamadas exploradoras avanzan adelante de las demás al frente del enjambre. Cuando cada una de ellas regresa sobre sus pasos, arrastra la cola. Cada hormiga exploradora secreta de su cola una pequeña cantidad de feromona, sustancia química olorosa, para marcar un nuevo rastro. Las otras hormigas lo seguirán. Luego las exploradoras del grupo regresarán al enjambre para reforzar el rastro y permitir que más hormigas puedan seguirlo.

Las obreras *Eciton* son casi ciegas. Su mundo se define principalmente por el contacto con las superficies y las sustancias químicas que detectan con sus patas y antenas.

Mientras más marcado sea el rastro, más hormigas podrán seguirlo. Pronto, un sólido frente de hormigas de más de 30 pies (unos diez metros) de ancho estará siguiéndolo.

Las obreras exploradoras llegan hasta un agujero en una hoja que no pueden cruzar porque es demasiado ancho. Entonces, las obreras que van adelante estiran las patas. Otras hormigas trepan sobre sus hermanas, se entrelazan por las patas, cuyos extremos son como pinzas, y también se estiran. Hormiga por hormiga, las obreras se van sumando para formar una cadena. Algunas de las hormigas en estas cadenas se estiran hasta poder engancharse con las otras hormigas que están a cada lado. De este modo, forman un puente viviente sobre el cual los otros miembros de la colonia pueden cruzar. Así, las legionarias siguen avanzando y pueden alcanzar una velocidad de 65 pies (20 m) por hora.

De pronto, las legionarias encuentran un escorpión herido que apenas sobrevivió en su lucha por aparearse. Las obreras medianas atacan de inmediato y lo pican. Las hormigas legionarias trepan por todo el oscuro cuerpo del escorpión y lo aguijonean para inyectarle veneno. El escorpión muere rápidamente. Cuando deja de moverse, las obreras lo sujetan y tiran de él. El veneno ha disuelto el tejido blando que une las partes duras de su cuerpo. Así las hormigas pueden despedazarlo.

Una hormiga transportadora trepa sobre la cola del escorpión, la muerde
para sujetarla y comienza a andar. Al colocarla debajo de su cuerpo, la
obrera puede transportar una carga pesada. Pero la cola del escorpión es tan
grande, que una sola hormiga no puede avanzar muy rápidamente. Otra
obrera también agarra la carga y marcha junto a la primera.

Mientras tanto, una hormiga exploradora siente el olor de una mantis religiosa. Avanza en esa dirección. Cuando regresa al enjambre, se mueve de izquierda a derecha y roza a sus hermanas obreras con las antenas. Así les dice que la sigan. Algunas lo hacen de inmediato y otras corren a reclutar más obreras antes de seguir el rastro de la exploradora. En segundos, miles de obreras se apiñan sobre el insecto. Lo pican, lo despedazan y comienzan a arrastrar el alimento hacia su hogar.

Pronto se crea un embotellamiento entre las hormigas que vienen y van del nido en busca de alimento. Dos obreras hermanas que transitan en direcciones opuestas chocan. La que lleva la carga avanza en línea recta. La otra se desvía hacia un lado. Esto forma un carril central que va directo al enjambre, y otros dos que salen. A lo largo de este sistema de autopista, las hormigas soldados acompañan a las trabajadoras viajeras para protegerlas.

Las hormigas soldados protegen a la colonia de los insectos enemigos. Cuando una de ellas siente que hay algo ajeno a su colonia, se eleva sobre su parte trasera y abre bien sus grandes mandíbulas para atacar. Esta amenaza a menudo espanta a los lepismas, escarabajos, moscas y otros depredadores de hormigas.

Mientras tanto, las otras obreras vuelven a casa con trocitos de alimento. No se comen el alimento mientras lo llevan al nido.

Ya en él, despedazan todos los trozos que llevaron. En ese proceso, beben el jugo que exprimen de ellos. Este jugo se deposita en el buche, una bolsa de almacenaje en su aparato digestivo. El buche retiene el alimento antes de que pase al estómago. Las obreras lo comparten gota a gota con las hormigas que permanecen en el nido, quienes forman bolitas con los pedacitos blandos de comida y los dejan caer a las larvas para alimentarlas. Otras veces trasladan a las larvas hasta donde se encuentra la pila de bolitas de alimento.

Desde el amanecer hasta el anochecer, las obreras buscan alimento y lo llevan a la colonia. Luego, cuando la luz del bosque se apaga y el aire se enfría, el tránsito cambia en el enjambre. Las obreras que regresan se encuentran con otras que salen del nido. Una vez que la colonia ha comido todo el alimento cercano, se desplaza hacia otra área donde haya más. Las obreras comenzarán a recolectar alimento en esa nueva área al día siguiente.

Las que regresan se unen a las hormigas que dejan el nido. Llevan con ellas los huevos y las crías en desarrollo. Al final, la reina también va, rodeada por el grupo de hormigas obreras que la atienden.

La colonia de hormigas legionarias puede viajar tan solo 6 pies (2 m) o hasta más de 300 pies (91 m) durante la noche, antes de escoger un lugar para anidar. Las hormigas *Dorylus* siempre hacen su nido bajo tierra. Mientras viajan, las hormigas *Eciton* hacen nidos temporales en la superficie de la tierra. Cuando las obreras *Eciton* llegan a un árbol caído, algunas clavan sus patas, cuyos extremos son como pinzas, en la madera y se cuelgan del borde. Luego otras descienden por estas obreras, se enganchan y estiran y así forman una cadena viviente de hormigas.

Pronto hay muchas de estas hormigas enganchadas, que crean una cortina viviente para proteger el nido que forman debajo del árbol caído. Detrás de la cortina de hormigas, muchas obreras rodean la nidada. También cercan a la reina, que se encuentra cerca del centro de la nidada. Durante la noche llueve, pero los cuerpos de las hormigas que forman la cortina viviente repelen el agua y el resto de la colonia permanece seca.

Como todas las hormigas, las legionarias pasan por tres fases hasta que llegan a ser adultas: huevo, larva y pupa. La reina pone los huevos de los cuales nacen las larvas. Las larvas comen las bolitas de alimento que las obreras preparan, y así crecen. Luego las larvas se convierten en pupas, una fase en la que la cría en desarrollo no come ni se mueve.

Cuando las larvas se convierten en pupas, la colonia de hormigas *Eciton* se traslada a una cavidad bajo tierra. Éste será el nido de la colonia durante unas dos semanas. Dentro del capullo de la pupa, la cría se convierte en adulto antes de volver a salir. Estas hormigas adultas serán las encargadas de buscar el alimento para la próxima nidada de los huevos que la reina ponga.

Mientras tanto, el abdomen de la reina se ha hinchado porque se está preparando para producir otra gran nidada. La reina comienza a poner huevos la segunda semana que la colonia está en su nido bajo tierra. Las obreras pequeñas llevan los huevos a las cámaras del nido donde nacerán las larvas. La mayoría de los huevos que la reina pone se transforman en larvas que se convertirán en obreras. Pero esta vez, de los huevos que pone la reina, también saldrán larvas que serán machos y nuevas reinas.

A diferencia de otros miembros de la colonia, los machos adultos de la especie *Eciton* tienen alas y ojos que pueden ver bien. Necesitan poder volar y ver para abandonar la colonia donde nacieron e ir a buscar una compañera para aparearse.

Cuando las nuevas reinas y los machos salen de la fase de pupa, la colonia se divide en dos. Parten dos enjambres, en lugar de uno, que viajan en direcciones opuestas. Con el tiempo, cada uno comienza a formar un nido. Luego, la vieja reina compite con las jóvenes para llegar primero a uno de los nuevos nidos. La carrera termina cuando cada colonia tiene una reina.

Mientras tanto, los machos vuelan hacia otras colonias de hormigas *Eciton*. Algunos no logran llegar. Una araña hambrienta atrapó a esta hormiga legionaria macho.

Cuando un macho encuentra una colonia, se une al enjambre de obreras que busca comida. En ese momento, pierde sus alas naturalmente o las obreras se las sacan. Luego, pueden suceder dos cosas: o lo matan, o lo dejan pasar por el enjambre para aparearse con la reina.

Durante el apareamiento, el macho deposita células llamadas esperma en la reina. Poco tiempo después, muere. La reina guarda el esperma que recibió en una bolsa dentro de su cuerpo. Cada huevo que ella produce se unirá al esperma para que una larva empiece a desarrollarse. Pero como la reina puede almacenar mucho esperma y conservarlo durante largos períodos, puede generar una inmensa cantidad de crías antes de aparearse otra vez.

De este modo, aunque algunos miembros de la colonia mueren, nacen muchas obreras que los reemplazan. El ciclo de vida y de búsqueda de alimento en el bosque continúa. Y la colonia de hormigas legionarias, la patrulla de limpieza supereficaz del bosque, conserva la fuerza de miles (incluso millones) de hormigas.

Retrospectiva

- Observa nuevamente los diferentes miembros de una colonia de hormigas legionarias: la reina en la página 5, el macho en la página 33, las obreras pequeñas en la página 9 y otras obreras en la página 6. Piensa en por lo menos tres características diferentes que puedas usar para clasificar a las hormigas en dos grupos: las que tienen esas características y las que no las tienen.

- Observa las hormigas en la página 23. Al igual que las personas, las hormigas tienen articulaciones para que sus estructuras duras puedan doblarse. Pero a diferencia de las personas, las articulaciones son fáciles de ver porque el esqueleto de una hormiga está por fuera del cuerpo. Mira con atención para ver cómo son las articulaciones de una hormiga. ¿De qué manera crees que tener tantas articulaciones ayuda a las hormigas?

- ¿Notaste cómo las hormigas usan sus pinzas para engancharse unas con otras en la página 28? Vuelve atrás en el libro para ver a las demás hormigas en acción. ¿Por qué las pinzas que tienen en los extremos de sus patas las ayudan a trepar y caminar?

Glosario

ANTENAS: dos estructuras móviles en la cabeza de la hormiga

APARATO DIGESTIVO: conjunto de órganos que descomponen el alimento para que el cuerpo lo utilice

BUCHE: parte del tracto digestivo con forma de bolsa donde se almacena el alimento

CARROÑA: animal muerto del que se alimentan los carroñeros

CARROÑERO: animal que se alimenta de animales muertos

COLONIA: grupo de hormigas que viven juntas

DEPREDADOR: animal que caza y se alimenta de otros animales para sobrevivir

ENJAMBRE: gran grupo de hormigas que buscan alimento

FEROMONA: sustancia química olorosa que producen las hormigas y otros animales

HUEVO: célula reproductiva producida por la reina

LARVA: fase vital de crecimiento de una hormiga

MANDÍBULAS: partes de la boca semejantes a colmillos

NIDADA: los huevos y las crías en desarrollo

PRESA: animal que un depredador caza para comer

PUPA: fase vital de una hormiga en la cual se hace adulta

Información adicional

LIBROS

Holldobler, Burt y Edward O. Wilson. *The Ants.* Cambridge, MA: Belknap Press, 1990. Para los lectores de mayor edad, este libro, ganador del premio Pulitzer de no ficción de 1991, ofrece un fascinante y accesible relato de la vida de muchas variedades de hormigas, entre ellas las hormigas legionarias.

Lisker, Tom. *Terror in the Tropics—Army Ants.* Austin, TX: Steck-Vaughn Company, 1999. El autor brinda información sobre los hábitos y las relaciones sociales de las hormigas legionarias y sobre cómo afectan a las personas.

Sayre, April Pulley. *Army Ant Parade.* Nueva York: Henry Holt and Company, 2002. Este libro describe lo que se puede ver y escuchar al estar en medio de un enjambre de hormigas legionarias que cruzan el suelo del bosque.

VIDEO

Nova: Little Creatures Who Run the World (Nova, 1995). Descubre una gran variedad de hormigas, mira cómo se fortalecen al trabajar juntas e investiga sus sorprendentes hábitos.

SITIO WEB

Insecta Inspecta World
http://www.insecta-inspecta.com/ants/army/index.html
Más información sobre los hábitos de las hormigas legionarias.

Índice

Con todo cariño para Garrett Myers y sus padres, Tracy y Stan

La autora desea agradecer a las siguientes personas por compartir su experiencia y entusiasmo: Dr. William H. Gotwald, Jr., profesor emérito de Biología, Utica College, Utica, Nueva York; Dr. Michael Kaspari, Departamento de Zoología, University of Oklahoma, Norman, Oklahoma; y Scott Powel, Facultad de Ciencias Biológicas, University of Bristol, Bristol, Reino Unido. Un agradecimiento especial a Skip Jeffery por compartir el proceso creativo y la vida.

Agradecimientos de fotografías

Las fotografías presentes en este libro se utilizan con autorización de: © Alex Wild, páginas 1, 6, 7, 23, 24; © Christian Ziegler, páginas 3, 9, 12, 16, 19, 29, 31, 32, 33, 37; © Scott Powell, páginas 4, 5, 8, 11, 17, 28, 30; © Ken Preston-Mafham/Premaphotos, páginas 15, 21, 27; © William H. Gotwald, Jr., página 35.
Portada: © Christian Ziegler.

La edición en español fue realizada por un equipo de traductores hablantes nativos del español de translations.com, empresa mundial dedicada a la traducción.

ediciones Lerner
Una división de Lerner Publishing Group, Inc.
241 First Avenue North
Minneapolis, MN 55401 EUA

Dirección de Internet: www.lernerbooks.com

Library of Congress Cataloging-in-Publication Data

Markle, Sandra.
[Army ants. Spanish]
Las hormigas legionarias / por Sandra Markle.
p.   cm. — (Animales carroñeros)
Includes bibliographical references and index.
ISBN 978−0−8225−7730−0 (lib. bdg. : alk. paper)
1. Army ants—Juvenile literature. I. Title.
QL568.F7M37418 2008
595.79'6—dc22   2007004088

Fabricado en los Estados Unidos de América
1 2 3 4 5 6 − DP − 13 12 11 10 09 08

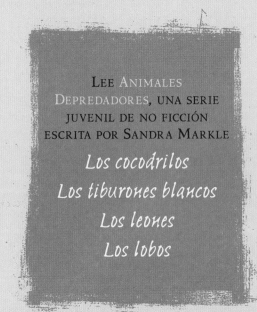

LEE ANIMALES DEPREDADORES, UNA SERIE JUVENIL DE NO FICCIÓN ESCRITA POR SANDRA MARKLE

Los cocodrilos
Los tiburones blancos
Los leones
Los lobos